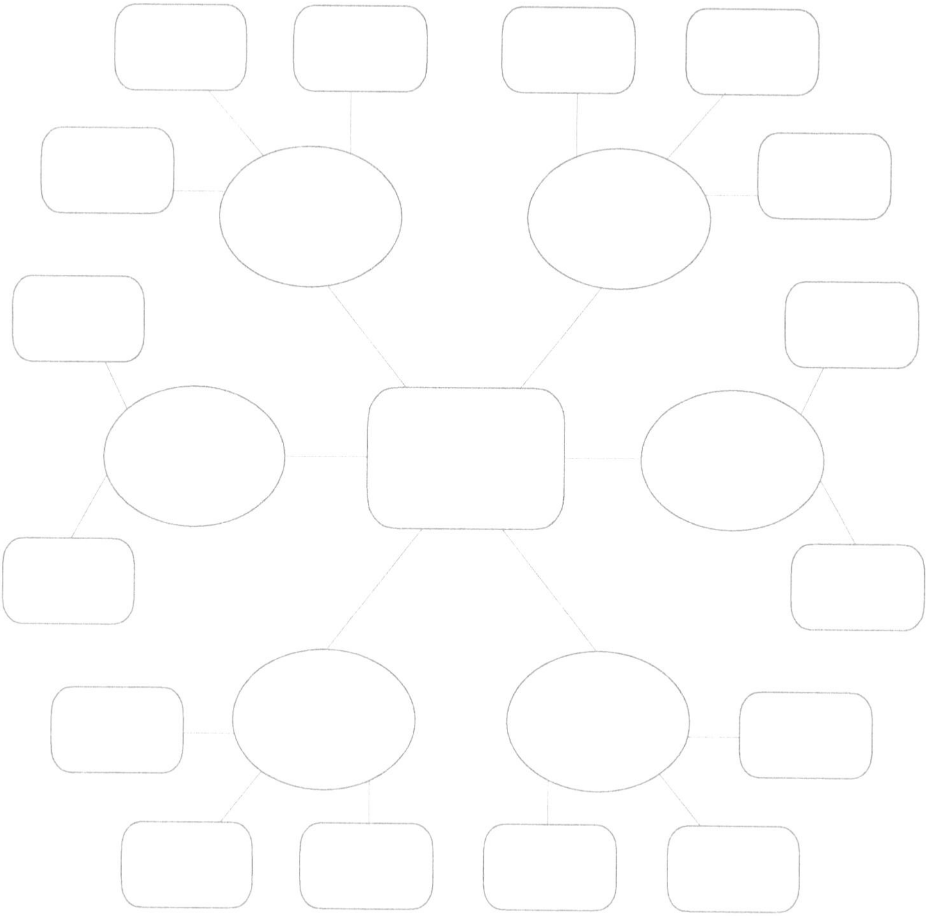

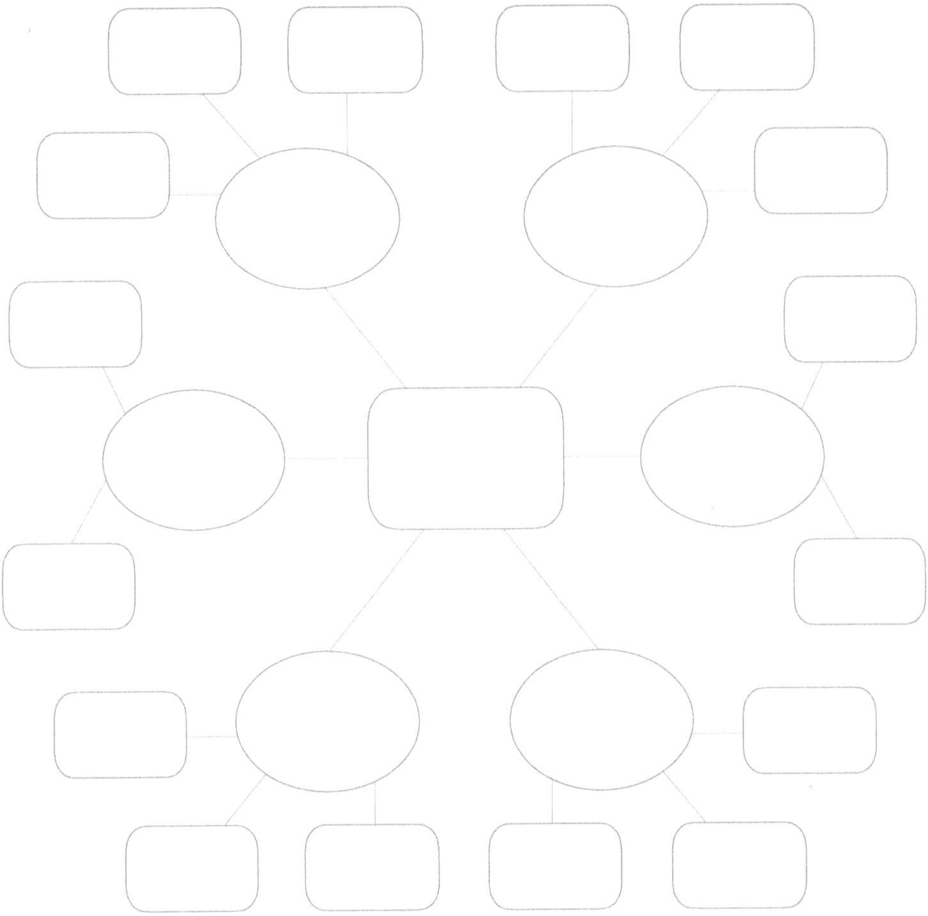

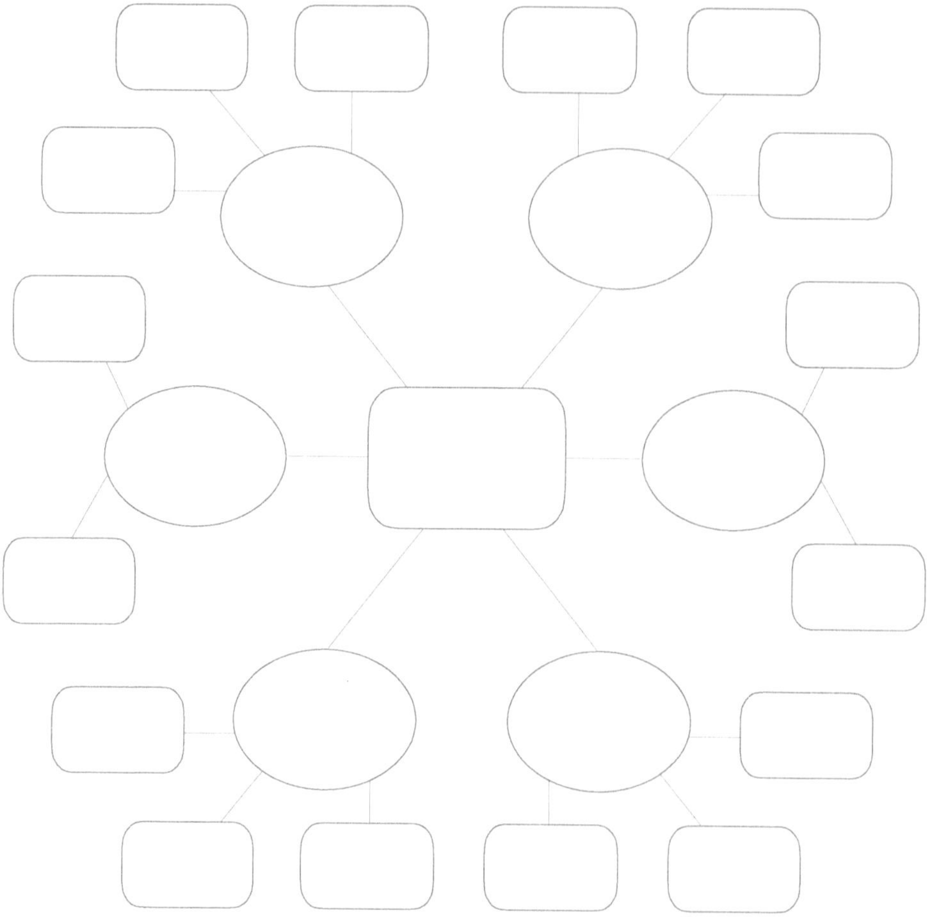

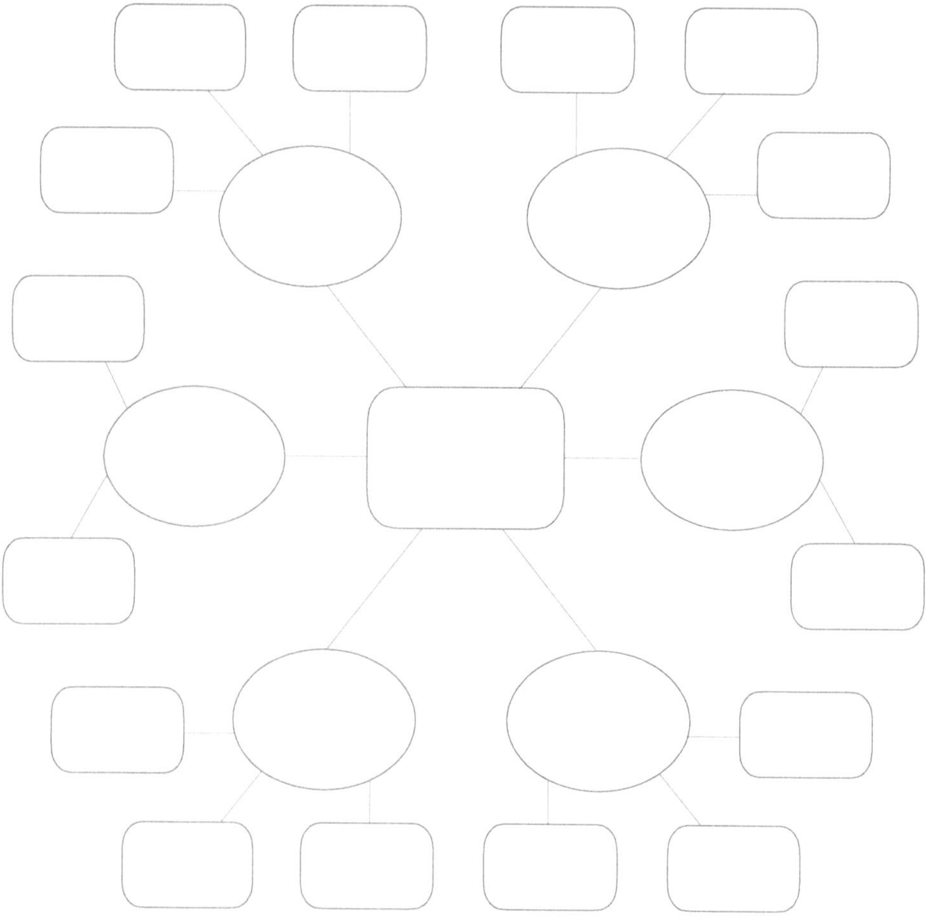

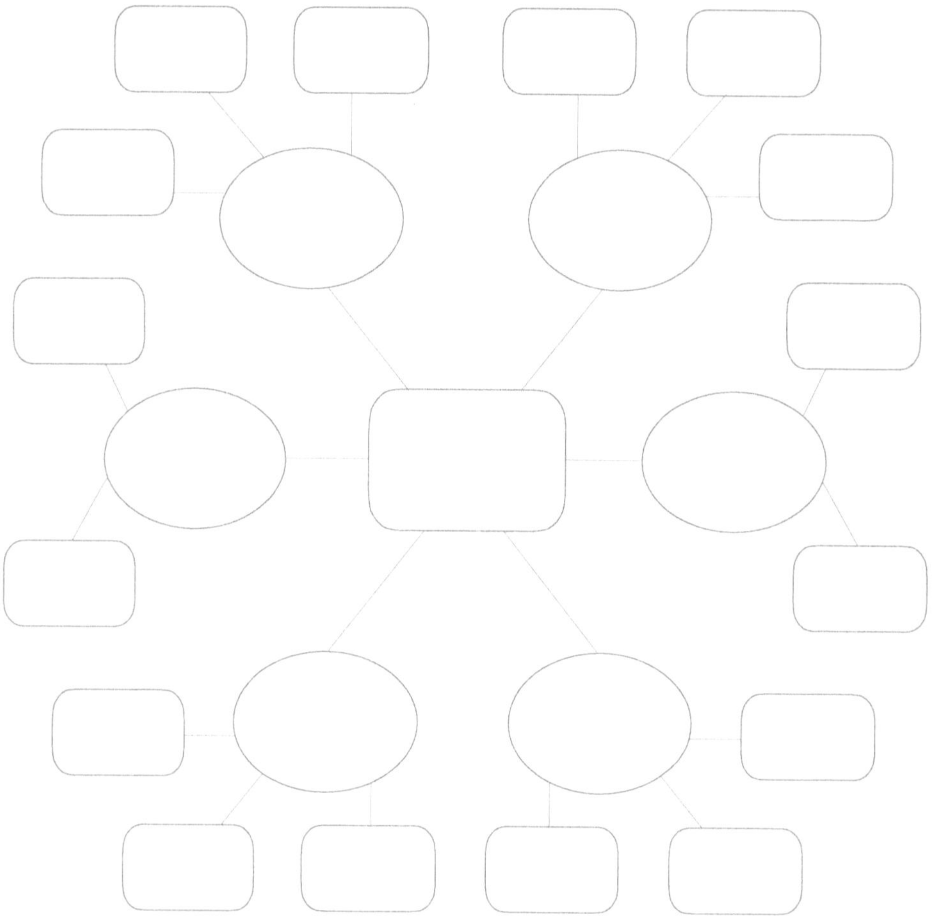

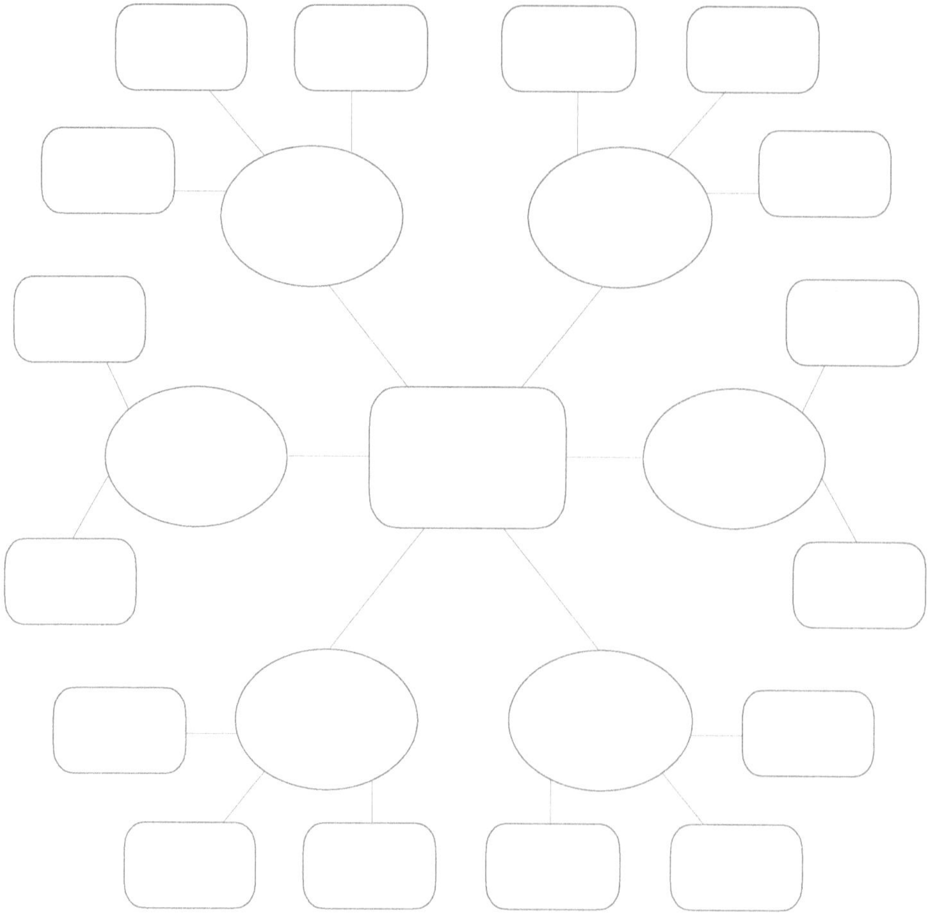

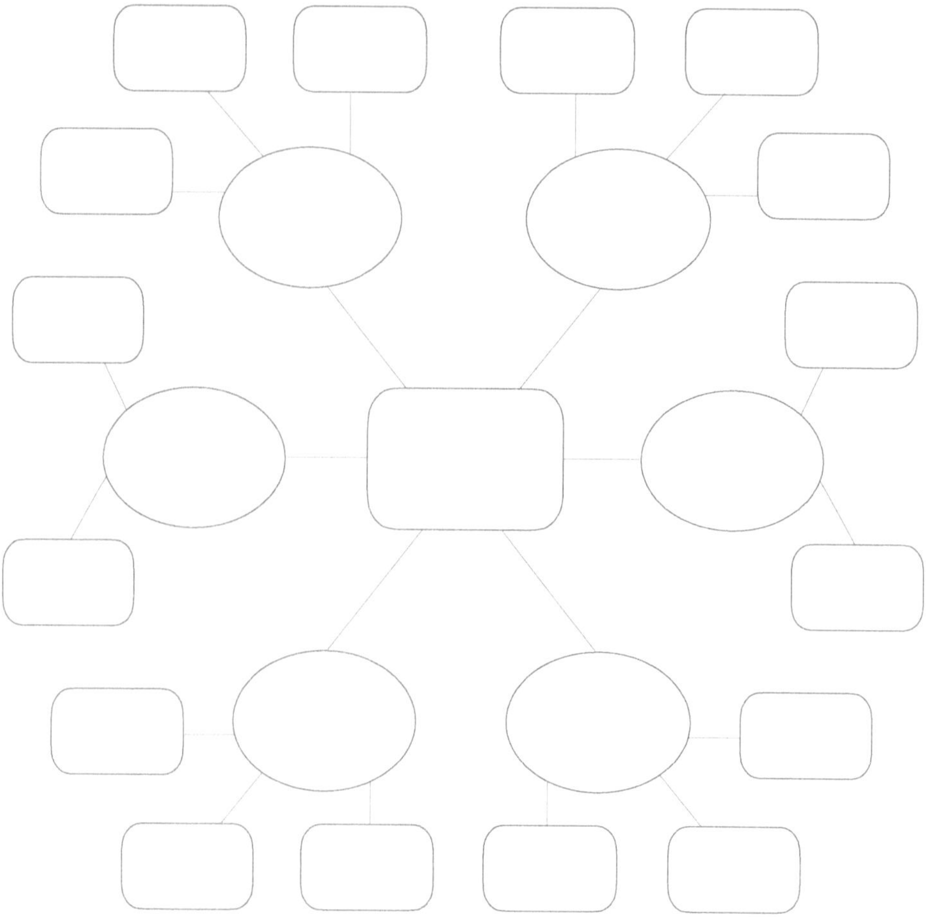

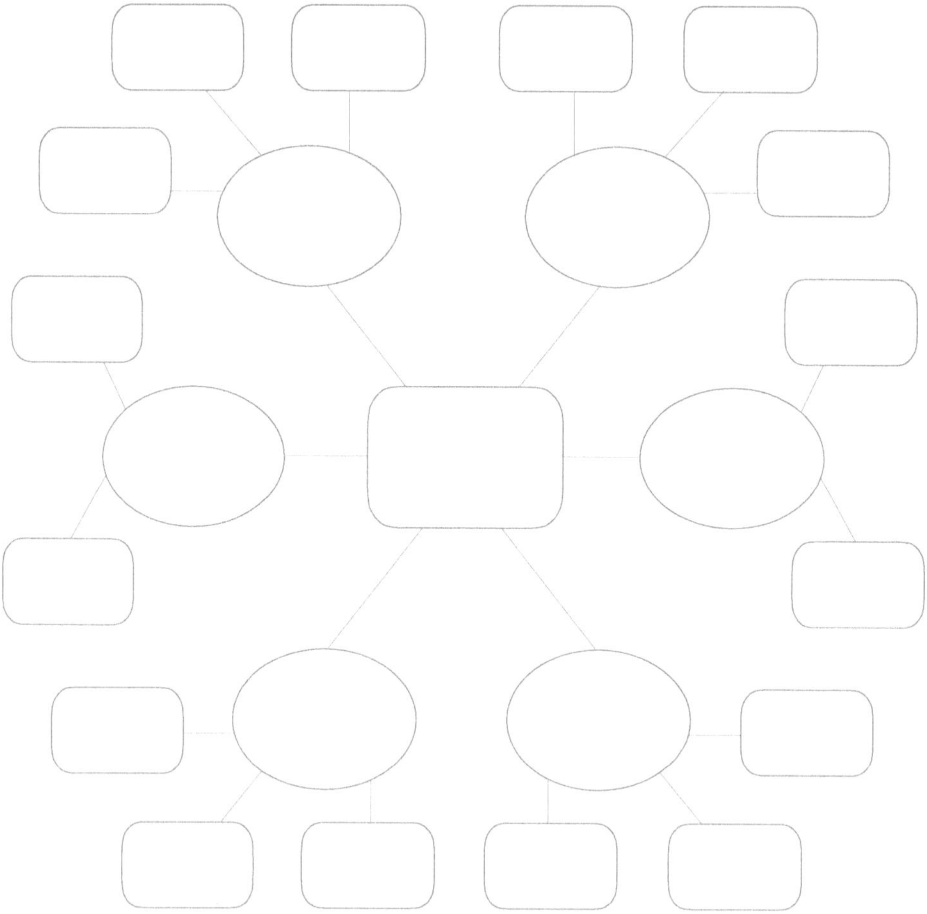

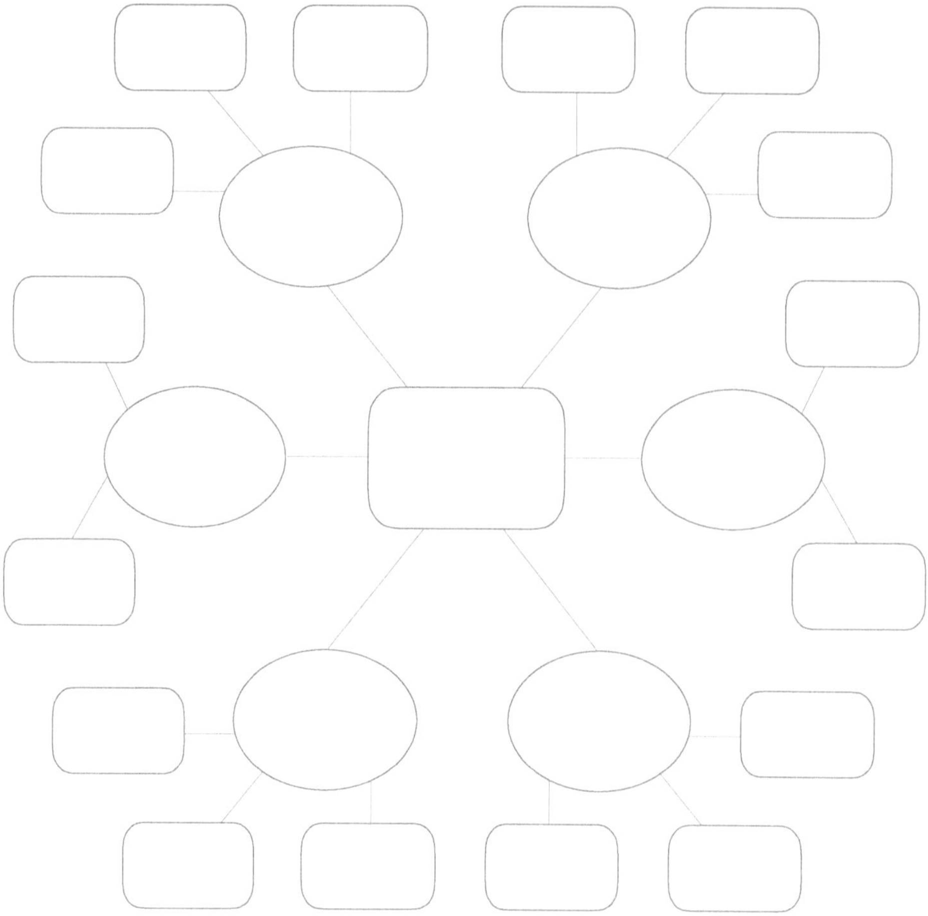

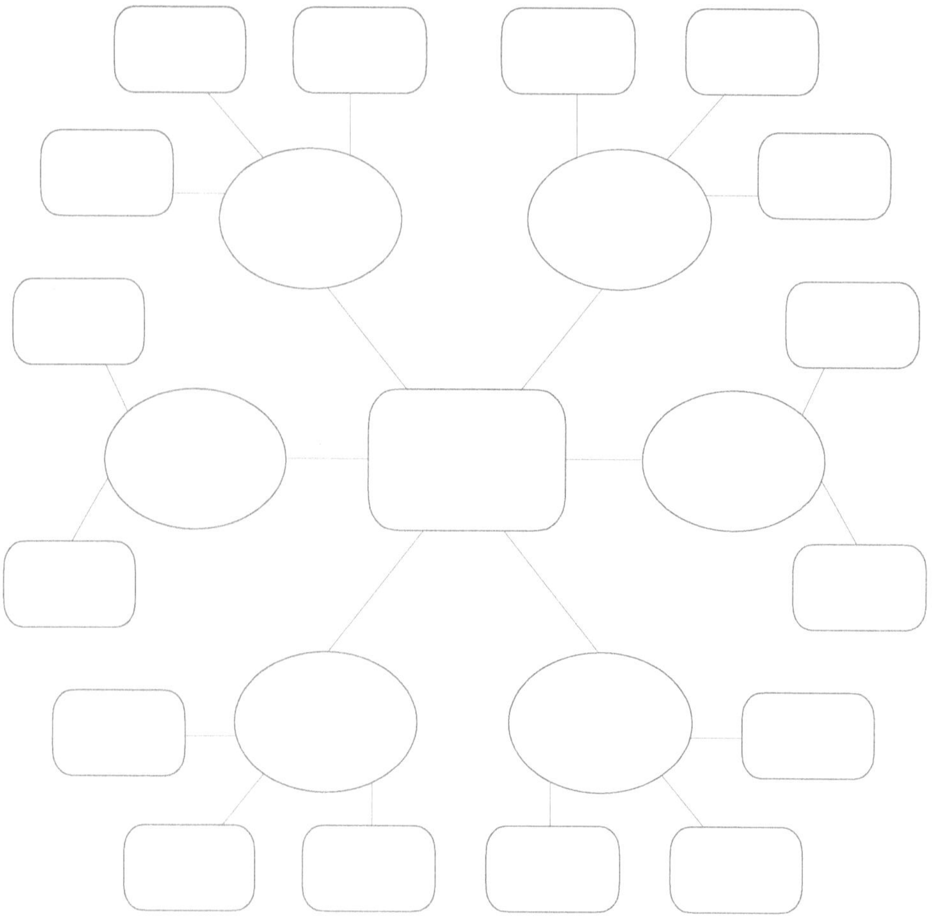

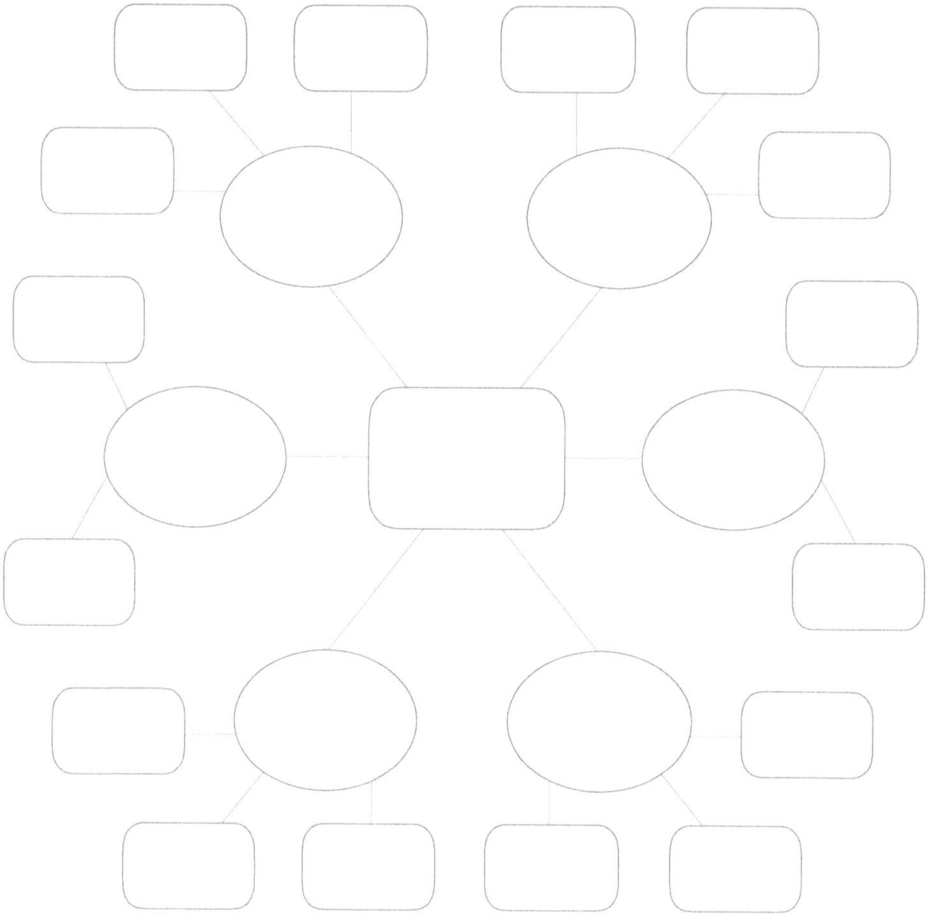

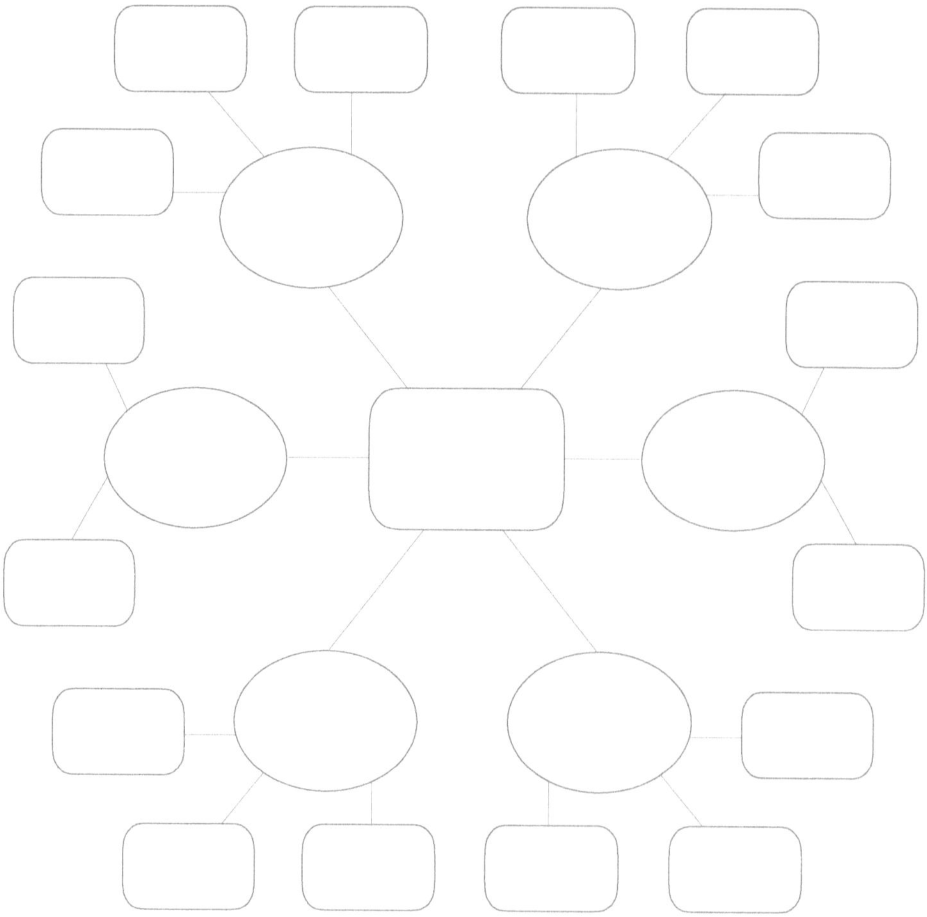

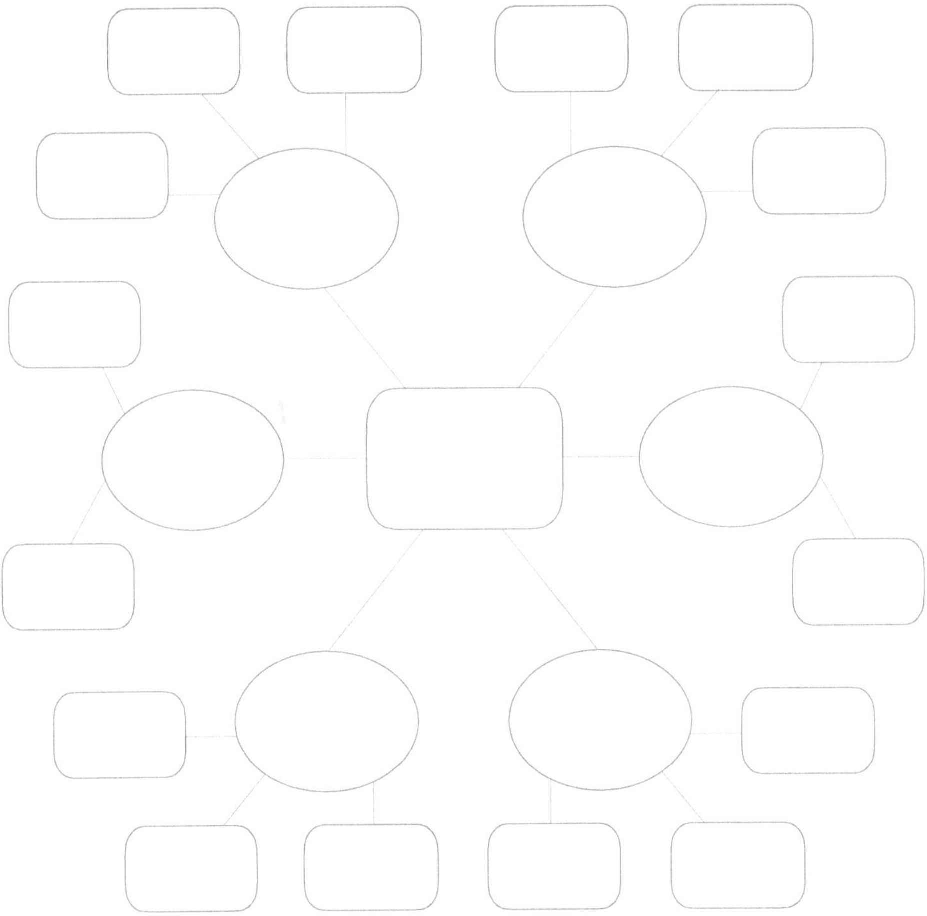

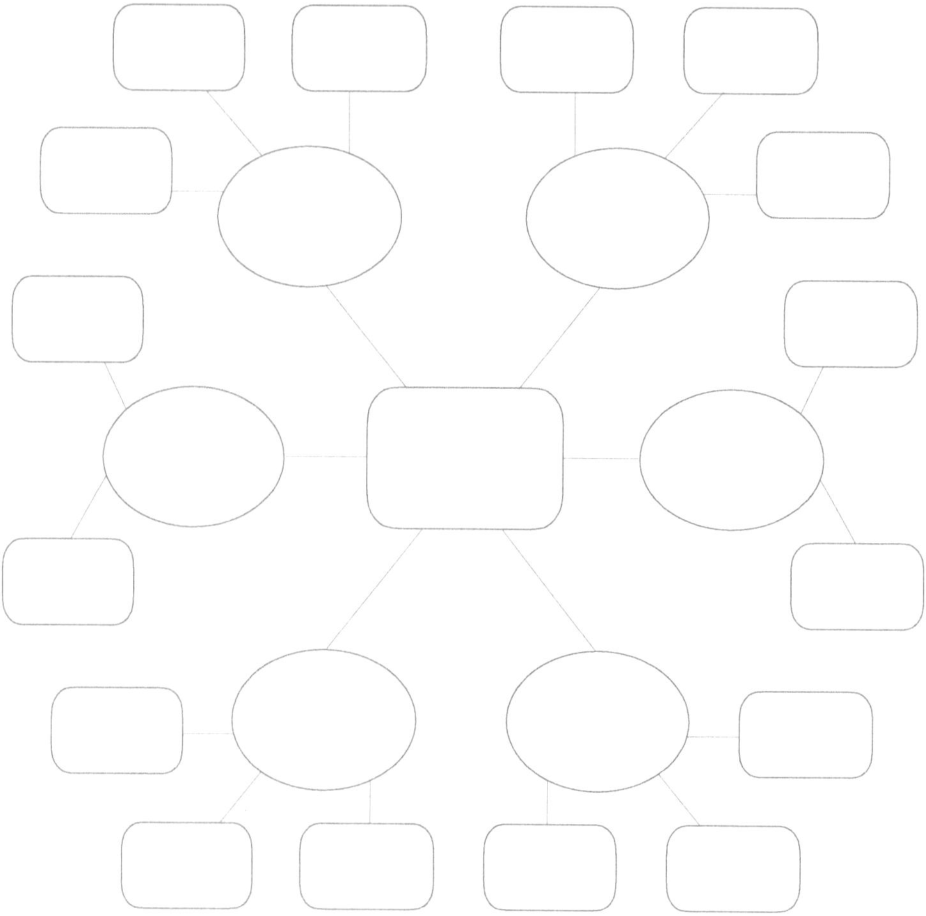

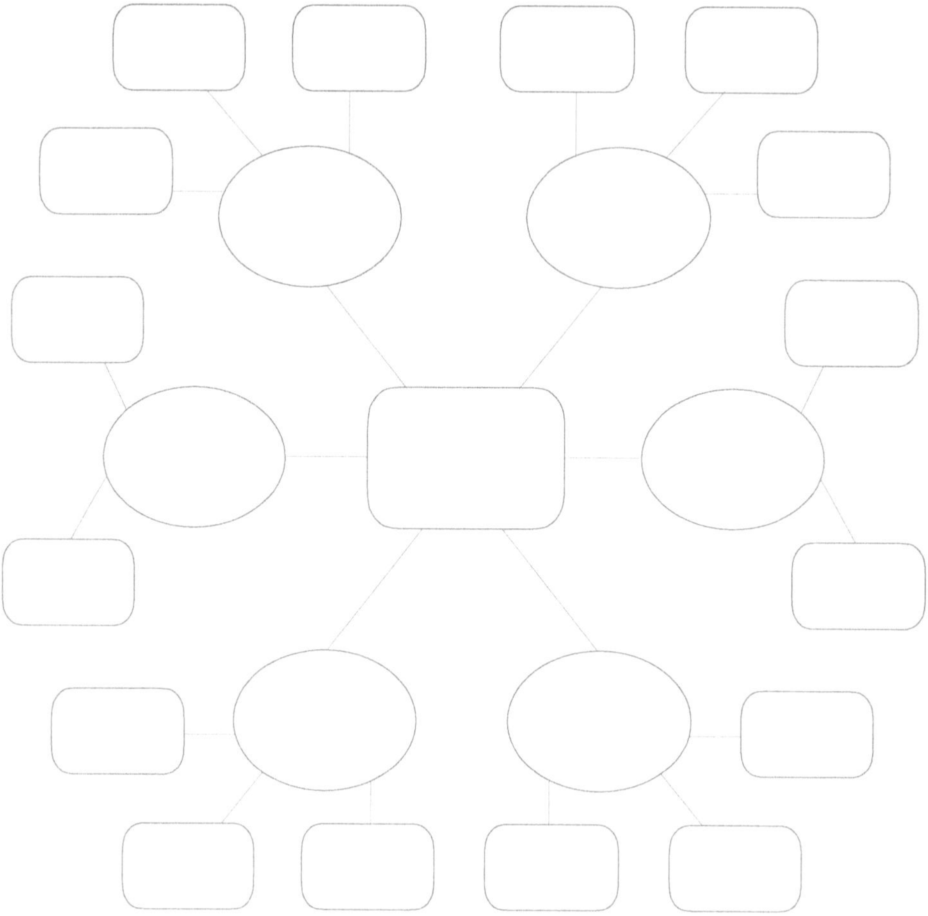

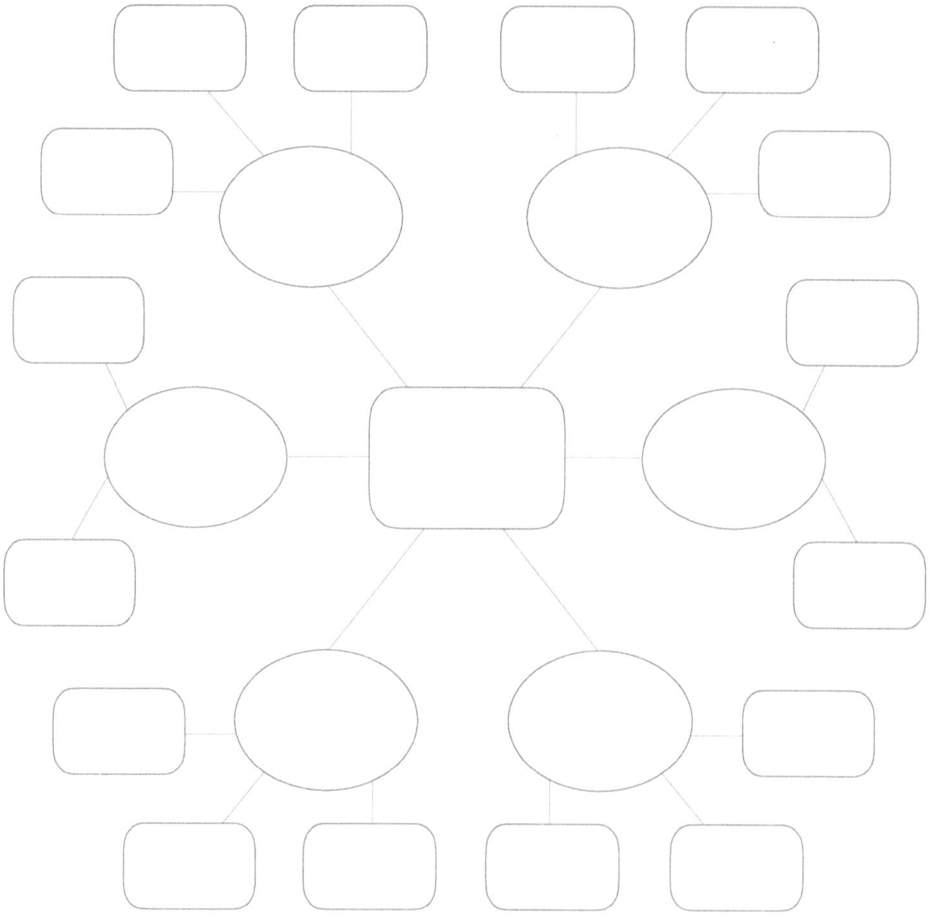

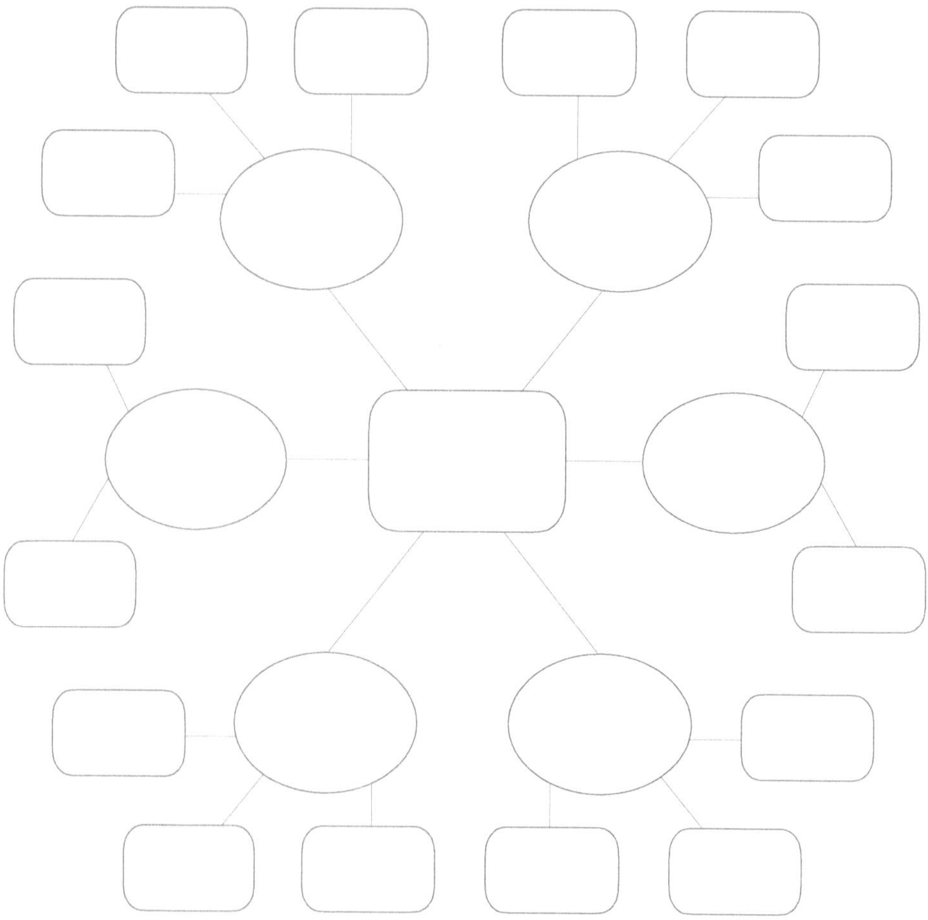

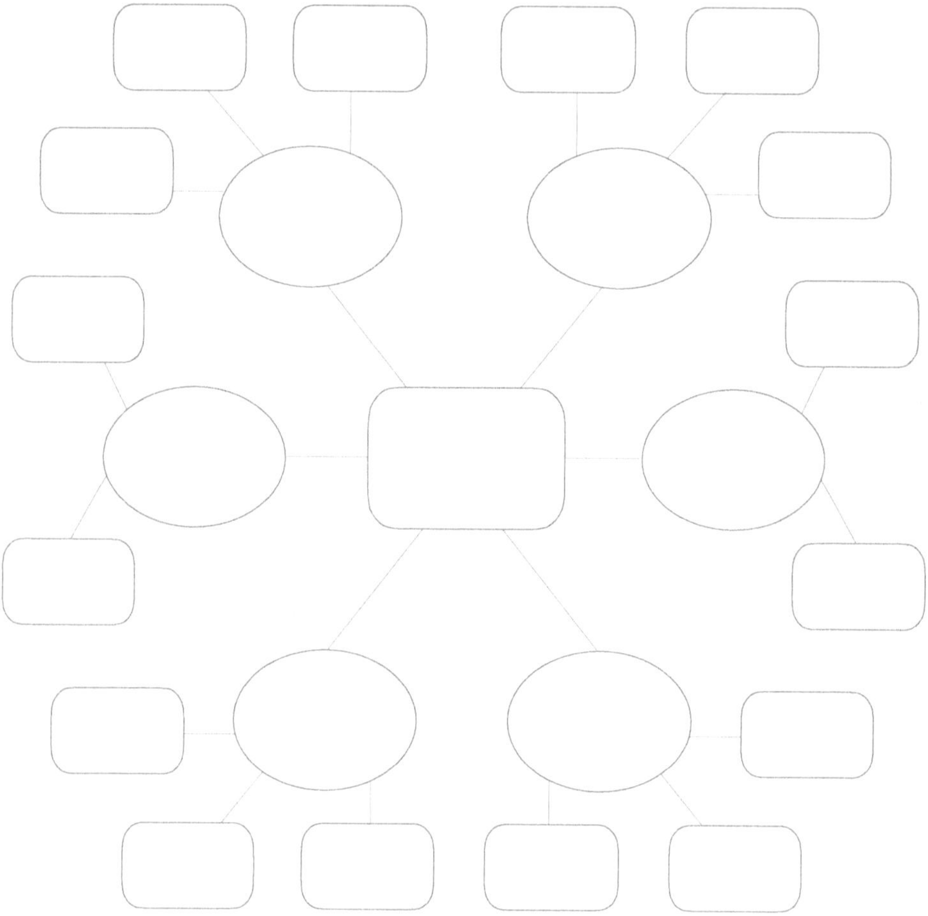

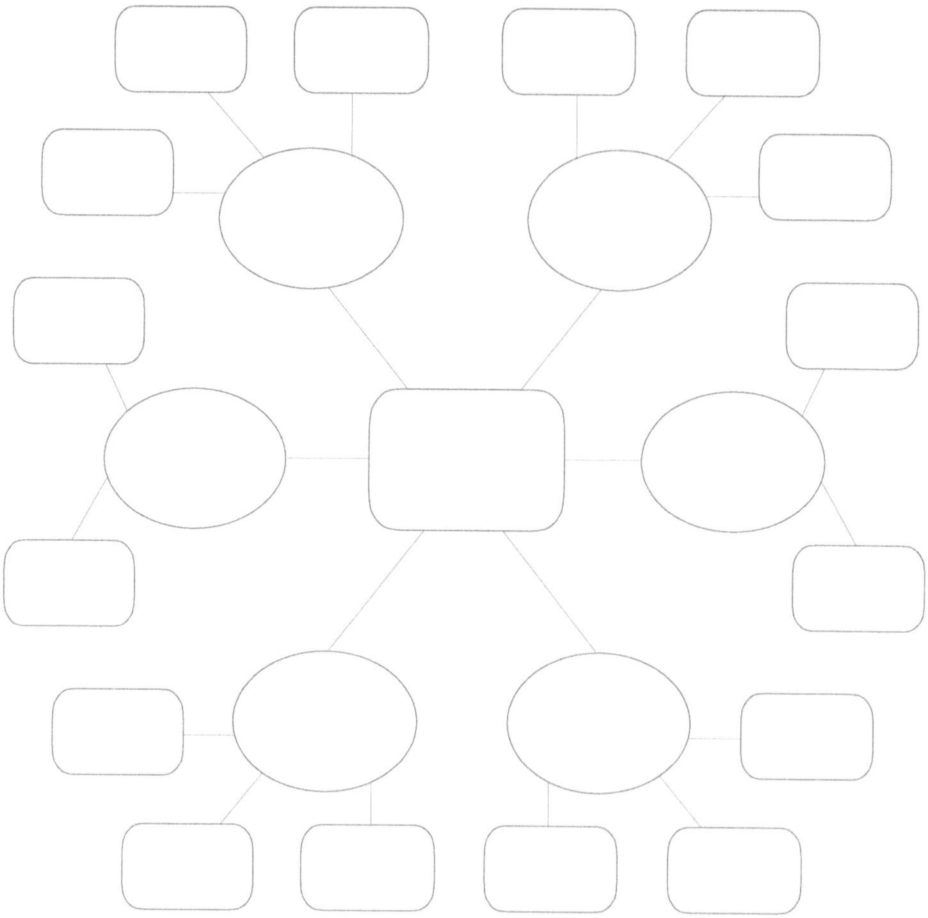

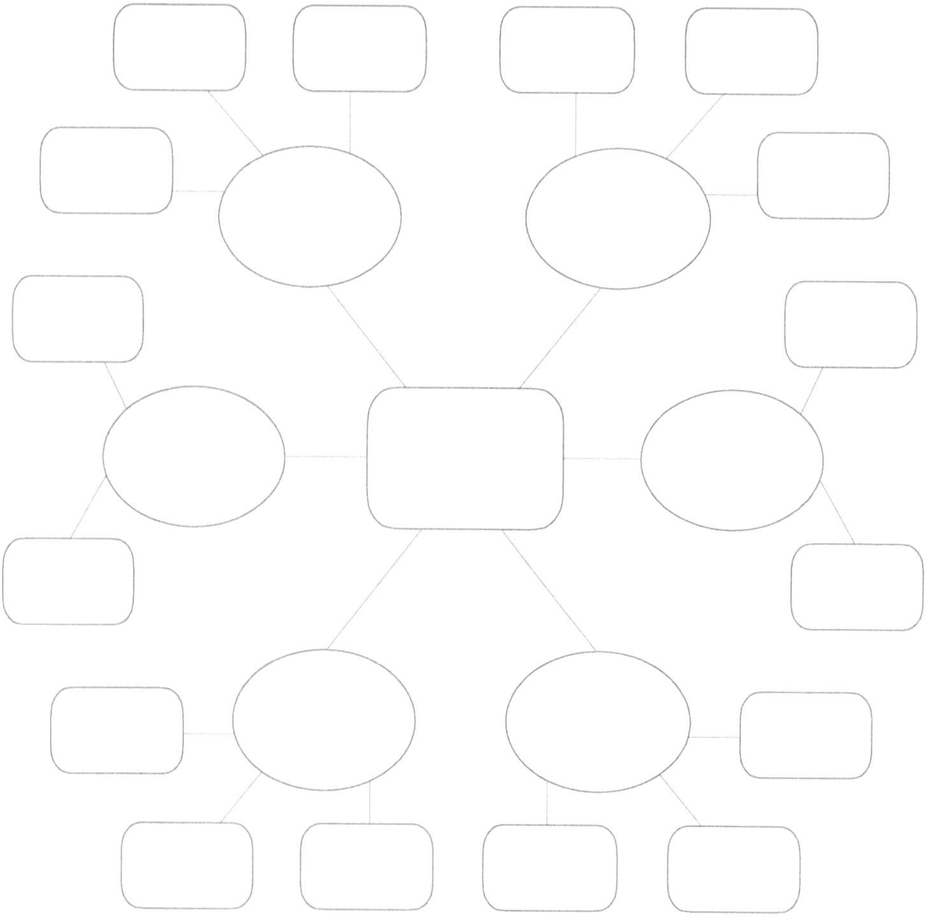

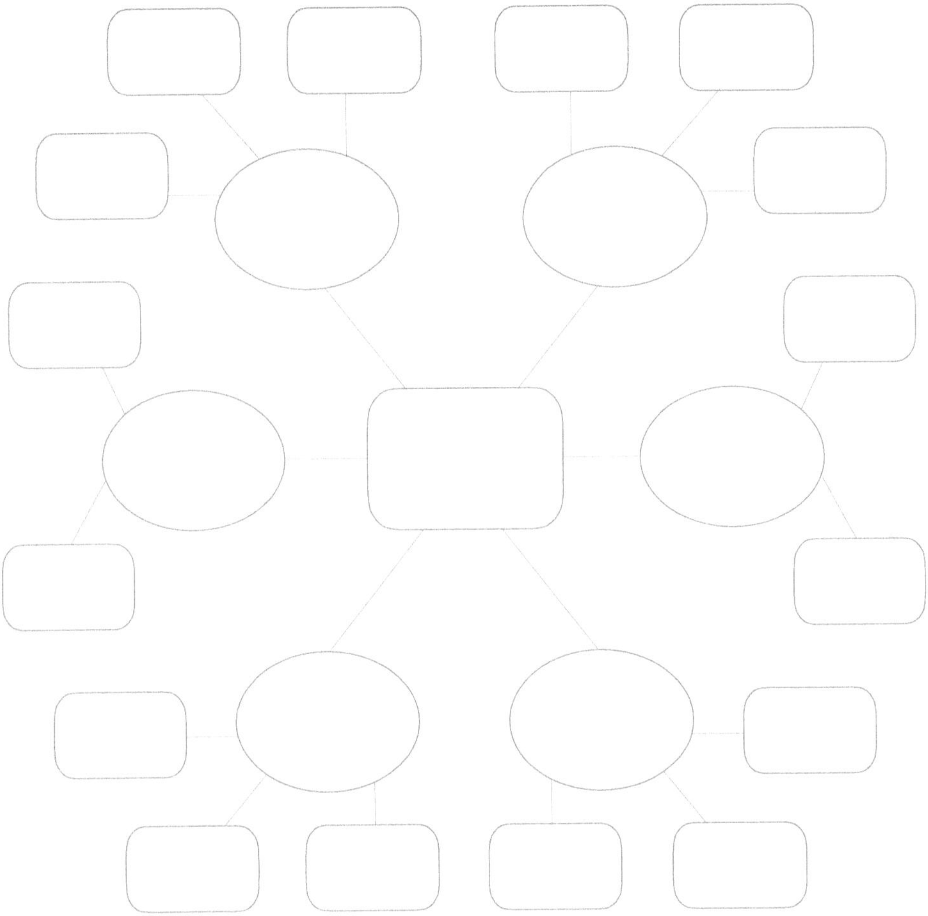

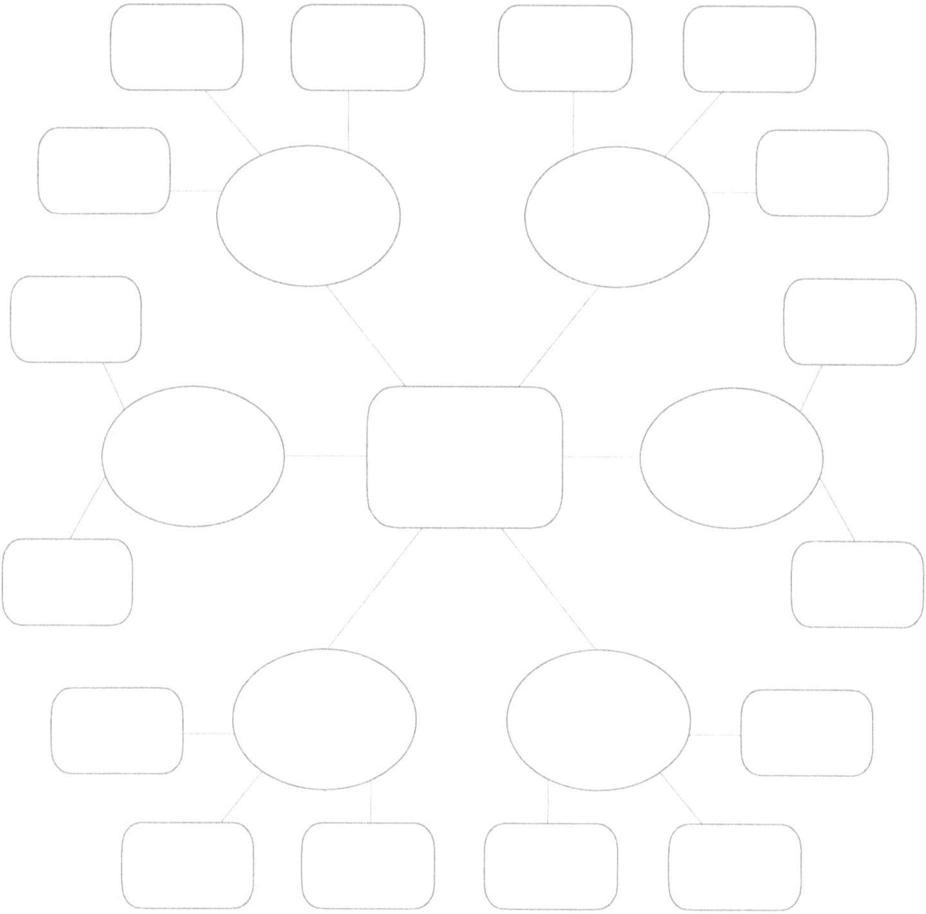

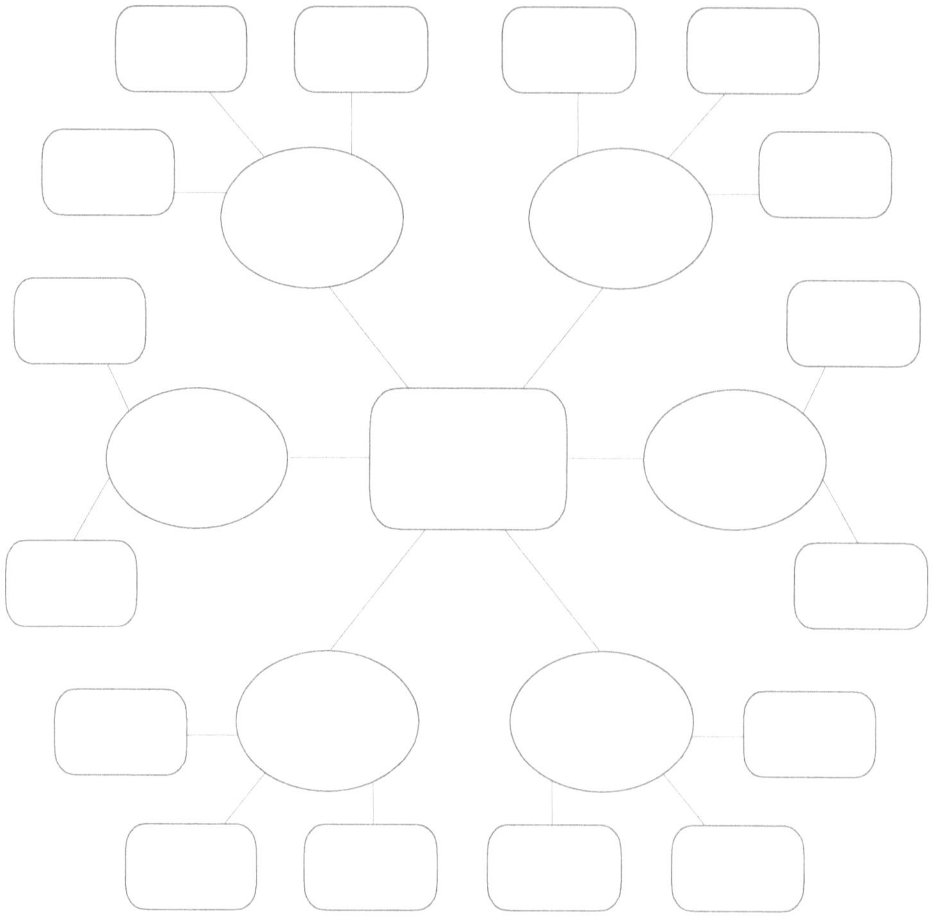

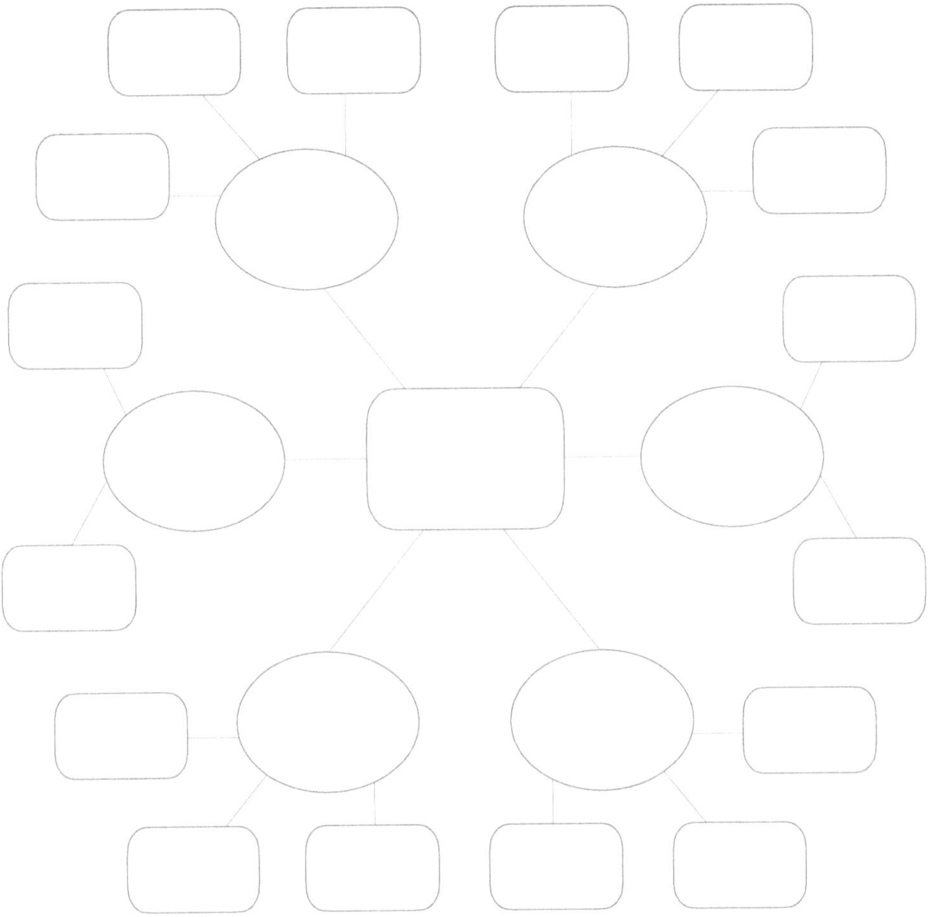

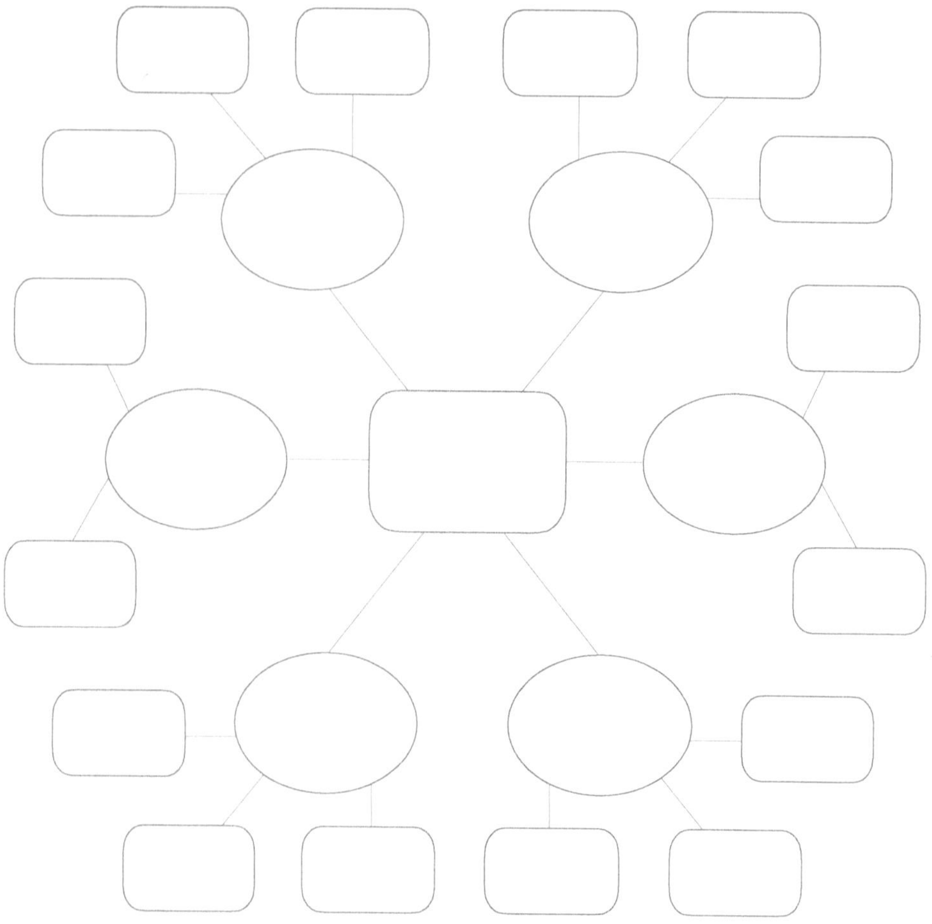

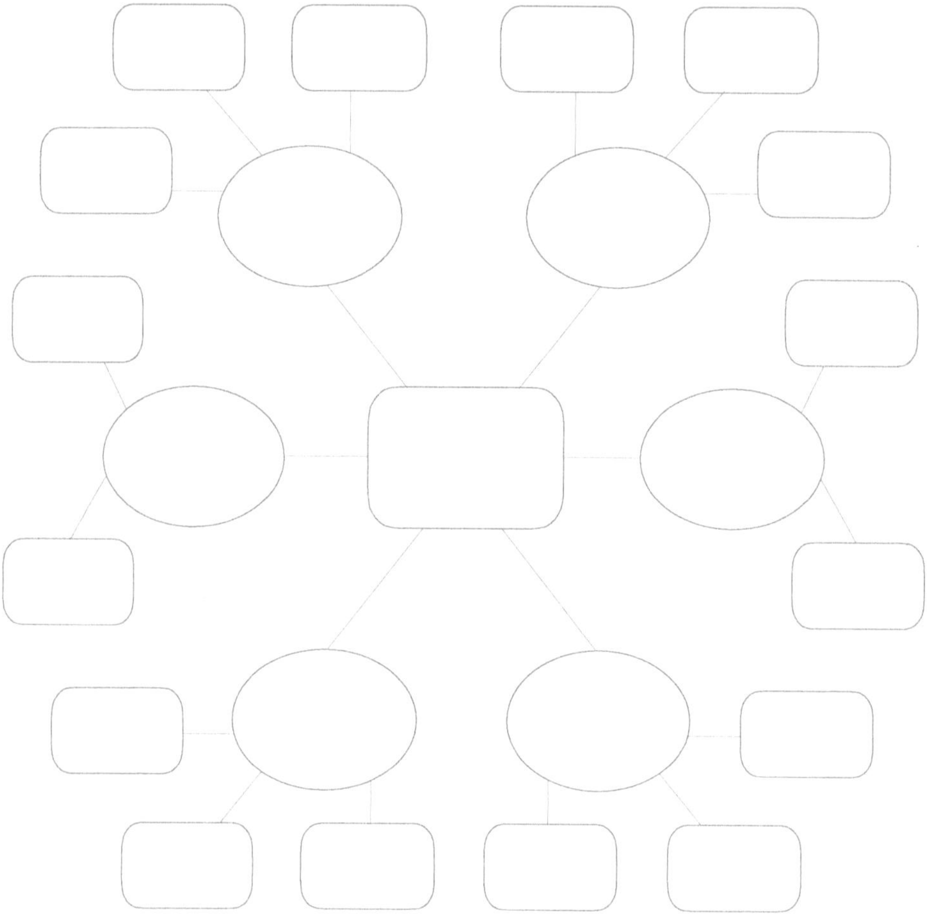

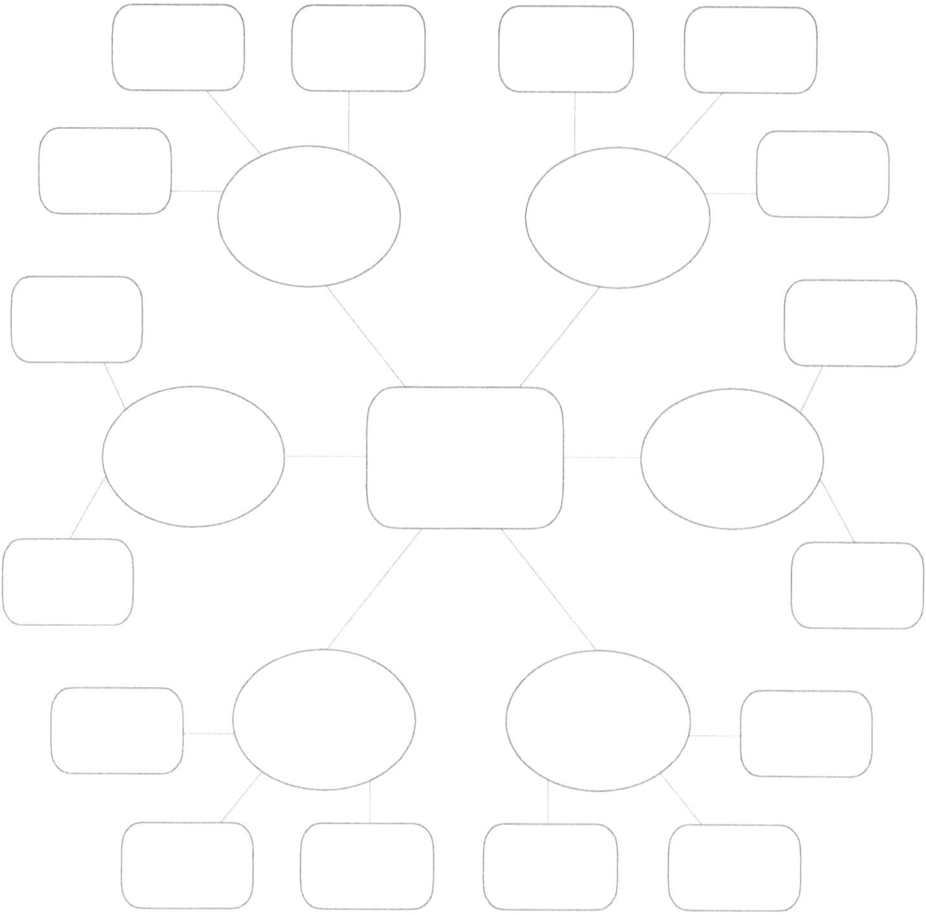

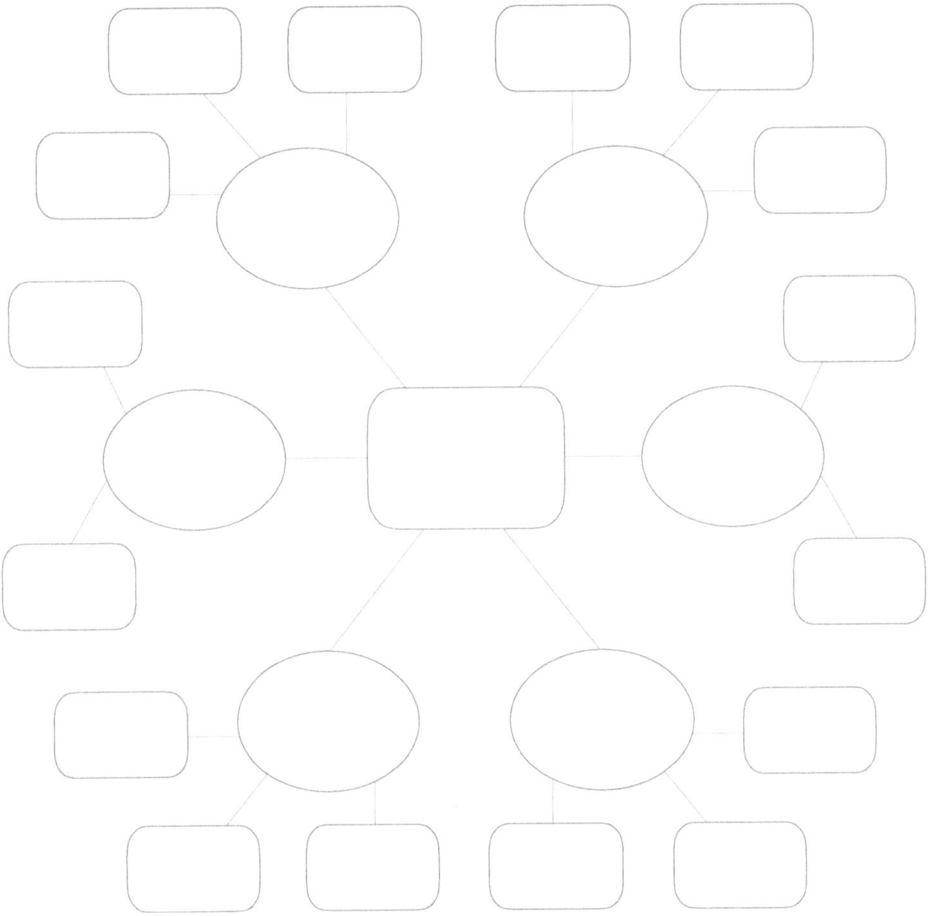

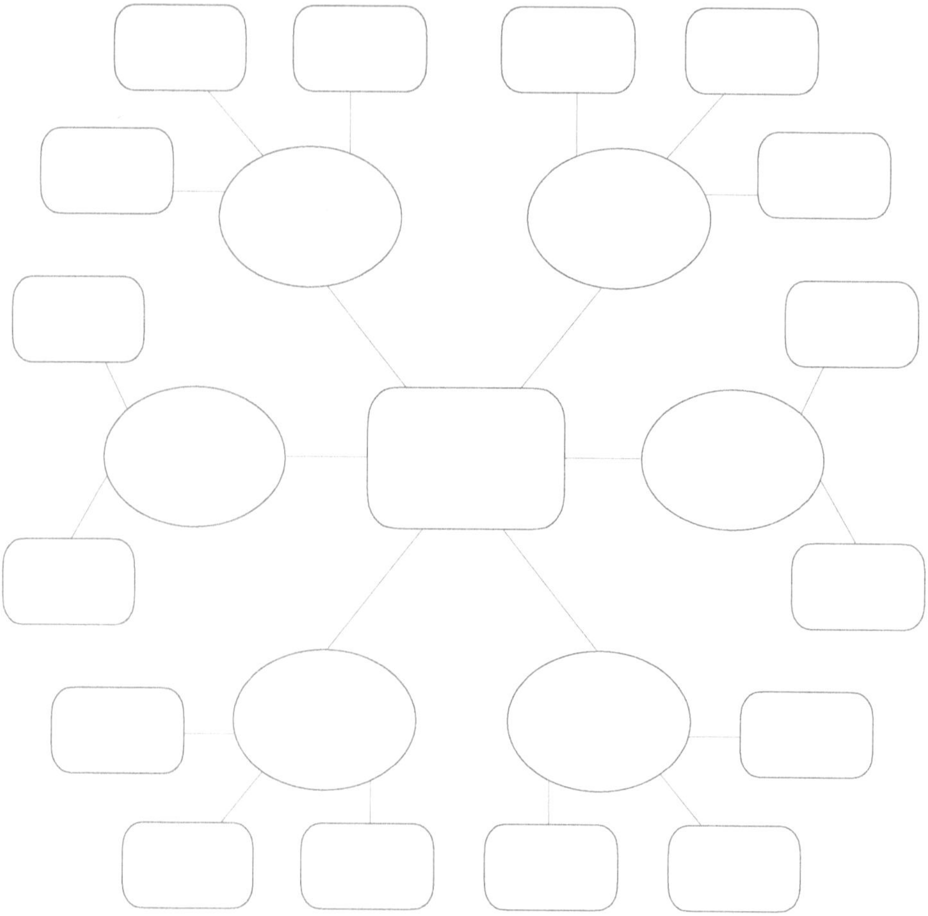

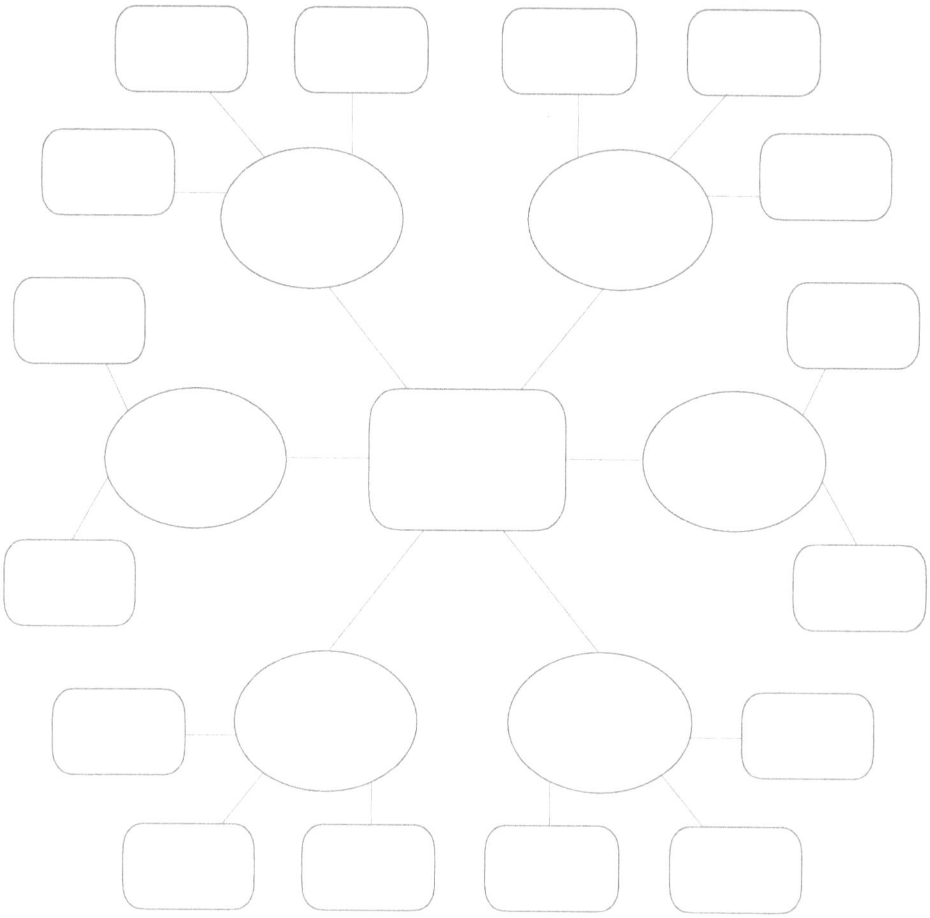

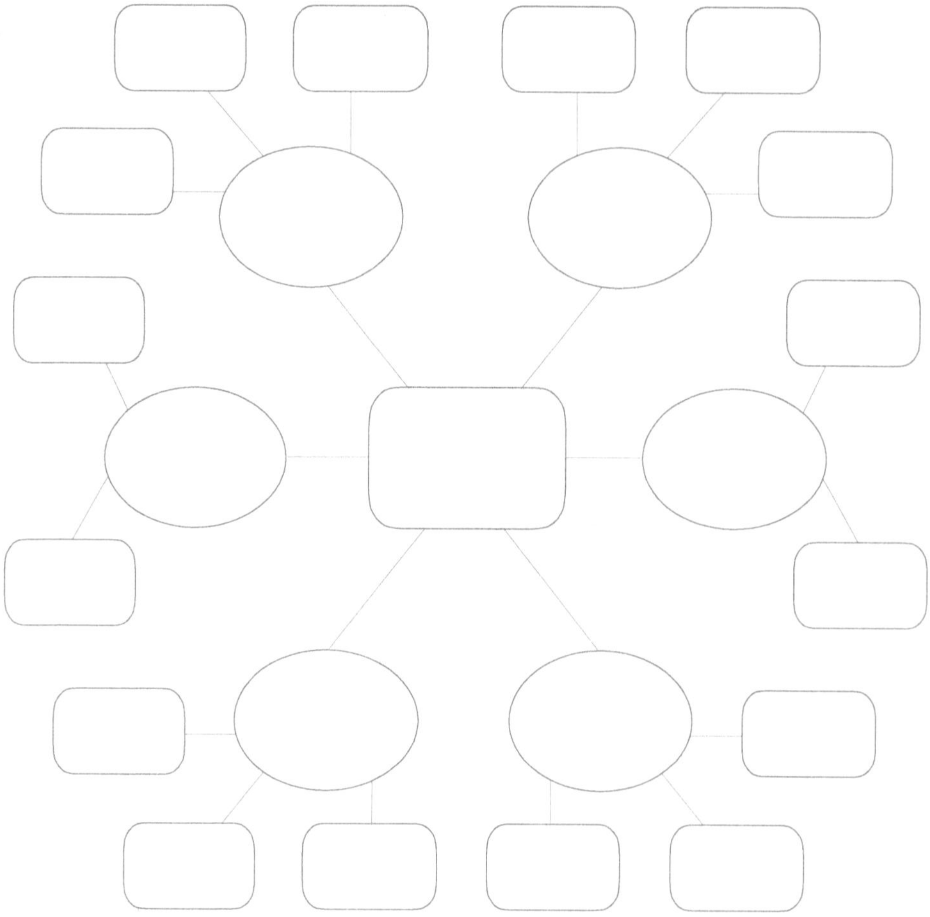

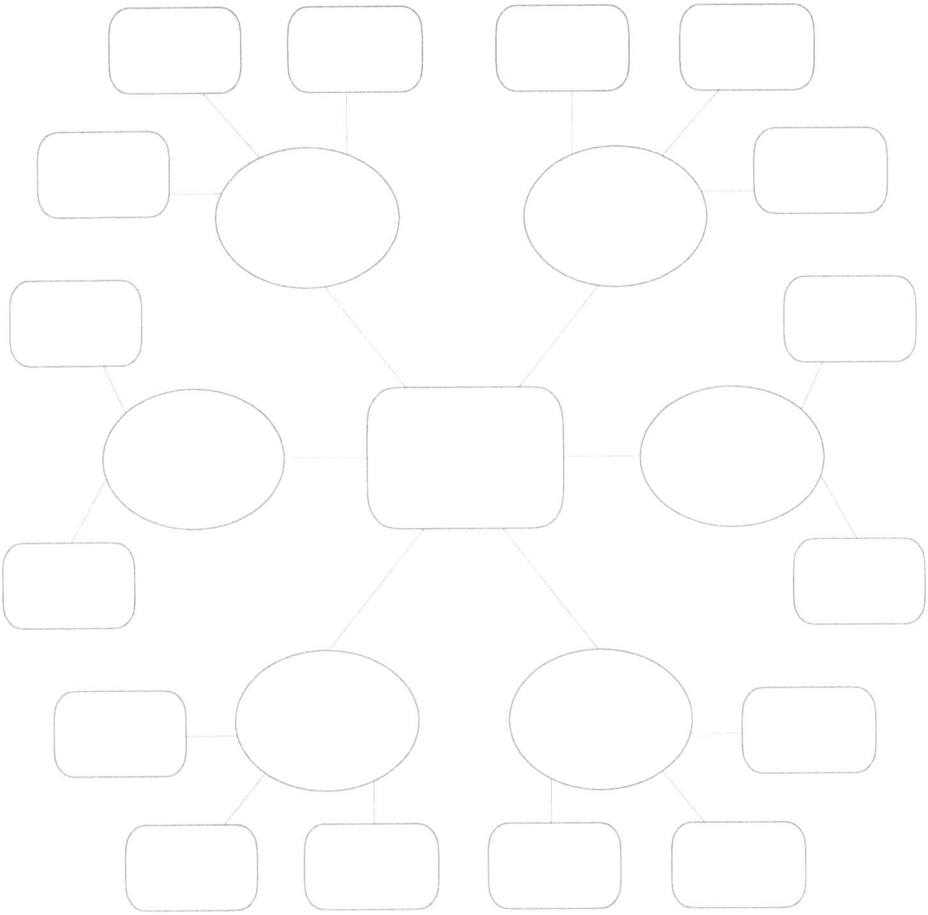

www.ingramcontent.com/pod-product-compliance
Lightning Source LLC
Chambersburg PA
CBHW020548220526
45463CB00006B/2231
* 9 7 8 1 6 7 0 0 9 8 9 2 4 *